MATHE

1. Klasse

Kai Haferkamp
Franziska Harvey

1 Spielzeug finden

Ravensburger

Matzi
Mia
Felix

Inhalt

Im Kinderzimmer

Auf dem Jahrmarkt

In der Schule

Im Garten

Im Kinderzimmer

Eines Morgens finden Mia und Felix ihr Kinderzimmer völlig durcheinander vor. Wer ist bloß für dieses Chaos verantwortlich?

- Zählen und zuordnen
- Mengen bestimmen
- Genau hinschauen

2 Spielzeug zählen

Beim Spielen in Felix' und Mias Kinderzimmer entdeckt Matzi plötzlich eine Tüte mit Bonbons. „Lecker und so schön bunt!“, ruft es.

1 Monsterhunger

2 Bonbonpapier-Weitwurf

2 + 3 = 5 1 + 2 = ___ 4 + 2 = ___

3 + 4 = ___ 5 + ___ = ___ ___ + 8 = ___

___ + ___ = ___ ___ + ___ = ___ ___ + ___ = ___

___ + ___ = ___ ___ + ___ = ___

___ + ___ = ___ ___ + ___ = ___

Vorgänger und Nachfolger

- Mengen erfassen
- Addition bis 10 ohne Zehnerübergang
- Nachbarzahlen

Oh weh! Mit vollem Bauch passt man nicht mehr überall durch. Matzi ist an die Magnettafel gestoßen und die bunten Zahlen purzeln zu Boden. Wo gehörten die denn bloß hin?

3 Tafel aufräumen

1 **Auf die Plätze**

2 **Slalom**

„Wow, ihr habt ja supertolle Rennautos“, ruft Matzi. „Darf ich damit spielen?“

· Ordnungszahlen bis 10
· Mengen und Zahlen vergleichen
· Unterschiedliche Zahldarstellungen

„Na gut, Matzi. Beim Autorennen hast du gewonnen. Aber ich kann sicherlich viel größere Türme bauen als du“, sagt Felix.

3 Vergleichen

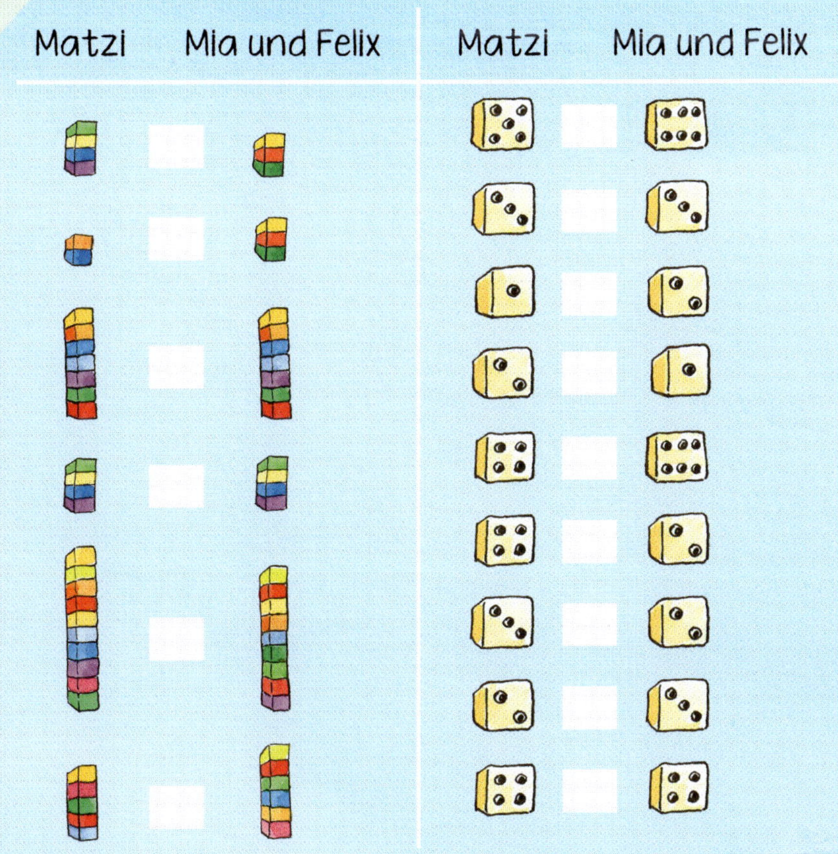

Matzi		Mia und Felix
7		9
8		7
3		3
4		2
2		1
5		6
6		8
7		6
9		6
6		9

Zahlen zerlegen

„Hütchenspiel!“, ruft Matzi. Es hat zwei Becher und einige Murmeln gefunden. „Jetzt könnt ihr raten, wie viele Murmeln ich unter die Becher lege.“

1 **Hütchenspiel**

2 **Blindes Hütchenspiel**

Zahlen ergänzen

- Zahlen bis 10 zerlegen
- Mengen erfassen
- Zahlen ergänzen bis 10

„Jetzt müssen wir noch aufräumen“, sagt Felix. „Aufräumen?“, ruft Matzi erschrocken. „Das klingt aber nicht nach Spaß. Oder kann man dabei zählen?“

3 Regal einräumen

Auf dem Jahrmarkt

Plusaufgaben und Tauschaufgaben

Auf dem Jahrmarkt gibt es viel zu sehen. Matzi stürmt sofort auf die erste Bude zu, in der es Spielzeug gibt.

1 Na los, zieh ein Los!

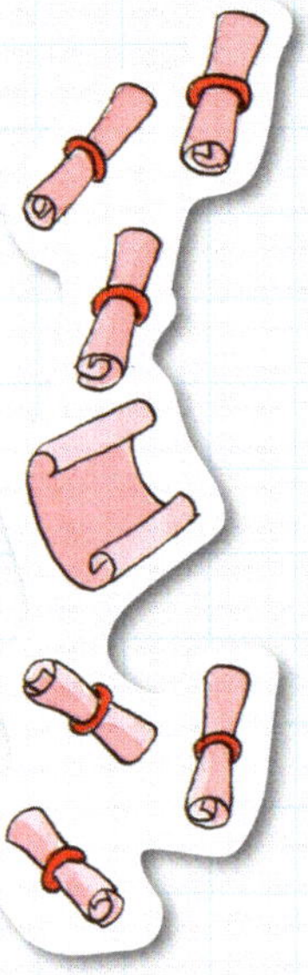

$0+1$ $1+0$ $2+0$ $1+1$ $0+2$ $2+8$ $4+5$

$1+9$ $1+7$ $9+1$ $5+3$ $7+1$

$2+6$ $2+3$ $3+7$ $4+2$ $6+2$ $1+8$ $1+6$

$3+5$ $5+4$ $4+3$ $8+1$

$2+4$ $4+6$ $5+2$ $1+4$ $0+3$ $6+4$

$6+3$ $3+4$ $6+1$ $2+2$ $2+5$ $4+1$

$8+2$ $3+0$ $7+3$ $3+6$ $3+2$

2 Auf gut Glück

- Addition bis 10
- Tauschaufgaben ohne Zehnerübergang

Außer Felix und Mia sind noch viele andere Kinder auf dem Jahrmarkt. Sie fahren Riesenrad oder Achterbahn, essen Eis oder Zuckerwatte und haben großen Spaß.

3 So ein Rummel

Auf einmal entdeckt Matzi den Stand mit den Luftballons. „Ich will auch durch die Luft schweben!“ Eifrig bindet es die Luftballons los, um von ihnen getragen zu werden, doch dann entgleiten ihm ein paar.

1 Verschwundene Luftballons

7 − 2 =
9 − 1 =
9 − 0 =
10 − 4 =
5 − 4 =
9 − 6 =
8 − 2 =
10 − 6 =
6 − 2 =
7 − 4 =
7 − 1 =
8 − 4 =
9 − 8 =
10 − 2 =
10 − 7 =
7 − 6 =
7 − 5 =
9 − 5 =
8 − 5 =
9 − 7 =
7 − 7 =
10 − 8 =
10 − 0 =
10 − 5 =
8 − 3 =
9 − 3 =
7 − 3 =
9 − 9 =
10 − 1 =
8 − 1 =
9 − 4 =
10 − 9 =

2 Völlig verweht

3 Weggeschleckt

$10-3=$	$3-0=$	$9-5=$
$6-4=$	$5-4=$	$4-3=$
$7-0=$	$4-2=$	$3-1=$
$9-3=$	$2-1=$	$2-0=$
$8-4=$	$1-0=$	$6-2=$
$5-1=$	$3-2=$	$3-3=$
$4-0=$	$4-1=$	$7-1=$
$7-5=$	$2-2=$	$5-2=$
$8-2=$	$7-3=$	$6-0=$
$5-3=$	$8-1=$	$9-2=$
$3-1=$	$6-3=$	$2-0=$

Matzi und die Kinder haben so viel Spaß auf dem Jahrmarkt! Matzi ist besonders gut im Dosenwerfen. Das macht solchen Spaß! „Wie schön das scheppert! Hihihi!" Mia hat am meisten Spaß beim Entenangeln und Felix liebt den Autoscooter.

1 Dosenwerfen

2 Noch mehr Dosenwerfen

- Addition bis 10
- Subtraktion bis 10
- Aufgaben finden

3 Entenangeln

4 Autoscooter

In der Schule

Zerlegen in Zehner und Einer

Heute darf Matzi mit in die Schule kommen. In der ersten Stunde haben die Kinder Sportunterricht. In der Umkleidekabine fällt Felix ein Zettel aus der Hosentasche. Matzi hebt ihn interessiert auf.

1 Spielzüge planen

1Z 1E → 1Z 2E → 1Z 4E → 1Z 7E → 1Z 9E →

1Z 1E → 1Z 0E → 1Z 5E → 1Z 6E → 2Z 0E →

1Z 1E → 1Z 2E → 1Z 3E → 1Z 8E → 1Z 9E →

1Z 1E → 1Z 4E → 1Z 5E → 1Z 8E → 2Z 0E →

1Z 1E → 1Z 4E → 1Z 3E → 1Z 6E → 1Z 9E →

1Z 1E → 1Z 6E → 2Z 0E → 1Z 5E → 1Z 8E →

- Zahlzerlegung bis 20
- Anzahlen in Zehner und Einer darstellen
- Dezimalsystem

2 Matzis Geheimschrift

1Z 0E | 1Z 1E | 1Z 2E | 1Z 3E

1Z 4E | 1Z 5E | 1Z 6E | 1Z 7E

1Z 8E | 1Z 9E | 2Z 0E

10 → 12 → 15 → 16 → 19 →

10 → 14 → 17 → 18 → 20 →

10 → 13 → 18 → 17 → 19 →

10 → 15 → 14 → 16 → 20 →

10 → 11 → 13 → 18 → 19 →

Nachbarzahlen

Während sich die Kinder nach dem Sportunterricht in den Umkleideräumen umziehen, ist Matzi schon in das Klassenzimmer von Mia und Felix gehuscht. Wenn es da mal keinen Unsinn anstellt …

1 Schwamm drüber

· Zahlenraum bis 20
· Vorgänger und Nachfolger
· Genau hinschauen

2 Schulmonster

3 Chaos im Klassenzimmer

Futtersammlung

> = <

	Mia		Felix
	13		15
	19		16
	12		11
	17		18
	14		14
	10		20
	15		16
	20		12
	17		19
	12		20
	13		19
	11		10
	19		19
	10		19
	17		11

Letzte Woche hat die Schulklasse einen Ausflug in den Wald gemacht. Dort haben die Kinder Blätter, Zweige und andere Dinge gesammelt.

1. Sammler
2. Waldmeister
3. Insektenjagd
4. Große Krabbelei

Plusaufgaben ohne Zehnerübergang

- Zahlenraum bis 20
- Addition ohne Zehnerübergang
- Vergleichen und ergänzen

Draußen im Flur vor dem Klassenzimmer steht ein riesiges Terrarium. Matzi findet es total spannend, doch durch die Scheiben kann man die Tiere so schlecht erkennen.

	Bestandsliste Anzahl	Name
8 + ___ =	10	Stabheuschrecke
11 + ___ =	11	Vogelspinne
10 + ___ =	12	Tausendfüßer
11 + ___ =	13	Schabe
10 + ___ =	14	Rosenkäfer
12 + ___ =	15	Mehlkäfer

	Bestandsliste Anzahl	Name
11 + ___ =	16	Weinbergschnecke
12 + ___ =	17	Marienkäfer
11 + ___ =	18	Regenwurm
13 + ___ =	19	Assel
12 + ___ =	20	Ameise

Im Mathematikunterricht lernt die Klasse heute den Zehnerübergang. Eigentlich findet Matzi das auch total spannend, aber leider kann es sich nicht so lange konzentrieren und heckt schnell schon wieder Unfug aus.

1 Bis zum Zehner

2 Papierflieger 3 Eckenrechnen

· Zahlenraum bis 20
· Addition mit Zehnerübergang
· Kopfrechnen

10 + 10 =

6 + 9 =

4 + 9 =

10 + 7 =

1 + 10 =

8 + 3 =

5 + 8 =

19 16 20 18 14 13 11 17 15 12 10

4 + 8 =

9 + 9 =

3 + 10 =

7 + 4 =

7 + 7 =

2 + 10 =

9 + 5 =

8 + 7 =

3 + 9 =

8 + 8 =

7 + 5 =

10 + 9 =

4 + 10 =

6 + 6 =

6 + 7 =

7 + 9 =

10 + 6 =

10 + 5 =

5 + 9 =

8 + 9 =

10 + 8 =

9 + 2 =

Minusaufgaben ohne Zehnerübergang

1 Monsterdurst

Wenn man den ganzen Tag Blödsinn macht, kriegt man einen monstermäßigen Durst. Kaum haben die Geschwister sich kurz umgedreht, ist Matzi schon in den Kühlraum der Schule verschwunden.

18 – 7 =	20 – 1 =	17 – 3 =	20 – 7 =
20 – 5 =	19 – 4 =	17 – 1 =	15 – 4 =
15 – 2 =	17 – 5 =	20 – 6 =	14 – 4 =
19 – 7 =	13 – 2 =	17 – 4 =	19 – 6 =
12 – 1 =	19 – 9 =	19 – 8 =	13 – 1 =
16 – 4 =	18 – 3 =	16 – 5 =	20 – 8 =
18 – 5 =	20 – 9 =	18 – 4 =	20 – 4 =
13 – 3 =	20 – 2 =	20 – 3 =	19 – 2 =
15 – 1 =	18 – 2 =	16 – 1 =	12 – 2 =
19 – 5 =	17 – 6 =	15 – 3 =	14 – 2 =

Minusaufgaben mit Zehnerübergang

· Subtraktion im Zahlenraum bis 20 ohne und mit Zehnerübergang
· Kopfrechnen

2 Hausaufgaben

3 Fleißaufgaben

Im Garten

„Gehen wir jetzt endlich in den Garten?“ Matzi ist kaum noch zu halten und stürmt aus der Tür ins Grüne.

1 **Im Gemüsebeet**

2 **Gartenzwerge**

- Addition und Subtraktion bis 20
- Im Zahlenraum bis 20 ergänzen
- Sachaufgaben lösen

Matzi bemüht sich, im Garten zu helfen. Erst nach dem Säen, Gießen und Ernten kann man leckeres Obst und Gemüse essen. Das Gießen mit dem Gartenschlauch ist gar nicht so einfach. Matzi wird pitschnass!

1 Krähen verscheuchen

2 Möhren ernten

3 Apfeltausch

4 + 3
3 + 4

7 + 1 = 8
☐ + ☐ = 8

2 + 6 = 8
☐ + ☐ = 8

1 + 2 = ☐
2 + 1 = ☐

7 + 3 = ☐
3 + 7 = ☐

3 + 2 = 5
☐ + ☐ = 5

2 + 1 = 3
☐ + ☐ = 3

5 + 2 = ☐
2 + 5 = ☐

3 + 1 = ☐
1 + 3 = ☐

„Wollen wir ein Baumhaus bauen?", fragt Felix. „Ich habe eine Anleitung gefunden."
„Au ja!", ruft Matzi. Mia ist auch sofort einverstanden.

1 Baumhaus bauen

Kontrolle

19 – 10 = ☐ ☐ + 10 = 19
16 – 9 = ☐ ☐ + 9 = 16
15 – 5 = ☐ ☐ + 5 = 15

Kontrolle

11 – 8 = ☐ ☐ + 8 = 11
18 – 4 = ☐ ☐ + 4 = 18
20 – 6 = ☐ ☐ + 6 = 20

Kontrolle

14 – 7 = ☐ ☐ + 7 = 14
13 – 9 = ☐ ☐ + 9 = 13
12 – 5 = ☐ ☐ + 5 = 12

Kontrolle

17 – 3 = ☐ ☐ + 3 = 17
10 – 2 = ☐ ☐ + 2 = 10
11 – 1 = ☐ ☐ + 1 = 11

Raumorientierung

· Umkehraufgaben bis 20
· Rechenstrategien nutzen
· Raumorientierung

2 Leiter klettern

3 Baumhaus erkunden

Oben vom Baumhaus aus sieht Matzi, dass Mia und Felix Hüpfkästchen auf den Weg gemalt haben.

1 **Kästchenhüpfen**

- Analogien bilden
- Addition bis 20
- Verdoppeln und Halbieren

2 Kirschen teilen

3 Kirschen verdoppeln

4 Überall Kirschen

„Wow! Was ist das denn?" Matzi ist auf einmal ganz aufgeregt: In einem Astloch im Baumstamm steckt eine eingerollte geheimnisvolle Karte. Es ist … eine Schatzkarte. Mia und Felix staunen.
„Ich hole den Spaten!"
„Juhu, wir gehen auf Schatzsuche!"

1 Schatzfinder

Die drei haben wirklich eine Schatztruhe gefunden und darin liegt echtes Geld. Matzi ist völlig aus dem Häuschen. „Das müssen wir feiern!", findet Mia.

2 Reiche Beute

Endlich ist es so weit. Alle Besorgungen sind gemacht und am Abend soll das große Gartenfest steigen.

1 **Tisch decken**

2 **Matzi macht Chaos**